BEI GRIN MACHT SICH IHR WISSEN BEZAHLT

- Wir veröffentlichen Ihre Hausarbeit,
  Bachelor- und Masterarbeit

- Ihr eigenes eBook und Buch -
  weltweit in allen wichtigen Shops

- Verdienen Sie an jedem Verkauf

Jetzt bei www.GRIN.com hochladen
und kostenlos publizieren

Philipp Schmitz

Über "Die neuronale Maschine" von Käte Meyer-Drawe und die Neurodidaktik

GRIN Verlag

Bibliografische Information der Deutschen Nationalbibliothek:

Die Deutsche Bibliothek verzeichnet diese Publikation in der Deutschen National-
bibliografie; detaillierte bibliografische Daten sind im Internet über http://dnb.d-
nb.de/ abrufbar.

Impressum:

Copyright © 2012 GRIN Verlag GmbH
Druck und Bindung: Books on Demand GmbH, Norderstedt Germany
ISBN: 978-3-656-57556-6

Dieses Buch bei GRIN:

http://www.grin.com/de/e-book/232124/ueber-die-neuronale-maschine-von-kaete-
meyer-drawe-und-die-neurodidaktik

GRIN - Your knowledge has value

Der GRIN Verlag publiziert seit 1998 wissenschaftliche Arbeiten von Studenten, Hochschullehrern und anderen Akademikern als eBook und gedrucktes Buch. Die Verlagswebsite www.grin.com ist die ideale Plattform zur Veröffentlichung von Hausarbeiten, Abschlussarbeiten, wissenschaftlichen Aufsätzen, Dissertationen und Fachbüchern.

Besuchen Sie uns im Internet:

http://www.grin.com/

http://www.facebook.com/grincom

http://www.twitter.com/grin_com

Verfasser: Philipp Schmitz
Seminar: Theoriegeschichte des Lernens (WiSe 11/12)

Ausarbeitung

zum Text
„Die neuronale Maschine"

verfasst von Käte Meyer-Drawe

Der Text „Die neuronale Maschine" von Käte Meyer-Drawe befasst sich mit einer verhältnismäßig neuen Entwicklung: dem Aufkommen der Neurologie als Forschungszweig in den unterschiedlichsten Bereichen der Wissenschaft. Sowohl in der Pädagogik, als auch in Bereichen wie der Psychologie, der Biologie, der Informatik, der Medizin oder der Philosophie spielen neuronale Überlegungen und Theorien heute eine wichtige Rolle.

Diese Neurowissenschaften beschäftigen sich im weitesten Sinne mit Aufbau und Funktion von Nervensystemen. Wie oben bereits erwähnt sind die Anwendunsbereiche und Untersuchungsfelder sehr vielfältig. So werden im medizinischen Bereich beispielsweise Hellungsmethoden für Nervenkrankheiten gesucht, in der kognitiven Hirnforschung u.a. die Art und Weise der Informationsverarbeitung oder die Entstehung von Emotionen erforscht. Wo schwer zu fassende Begriffe wie „Bewusstsein" ins Spiel kommen, spielt auch die Philosophie eine entsprechende Rolle. Durch die Vielfalt der unterschiedlichen Untersuchungsbereiche und Methoden fällt es schwer, die verschiedenen Disziplinen der Neuro-wissenschaften klar voneinander zu trennen.

Dieser verhältnismäßig junge Forschungszweig stehet nun laut Käte Meyer-Drawe in einem gewissen Spannungsverhältnis zu anderen, etablierteren wissenschaftlichen

1

Herangehensweisen. Wie so häufig, wenn moderne Technik neue Möglichkeiten zur Klärung wissenschaftlicher Fragen bietet, scheint die Neurowissenschaft die Forschungsbereiche zu dominieren oder zumindest stark zu beeinflussen.

Meyer-Drawe ist Professorin für Allgemeine Erziehungswissenschaft an der Ruhr-Universität Bochum. Sie promovierte 1978 zum Thema *Der Begriff der Lebensnähe und seine Bedeutung für eine pädagogische Theorie des Lernens und Lehrens*, ihre Habilitation trägt den Titel *Leiblichkeit und Sozialität – Phänomenologische Beiträge zu einer pädagogischen Theorie der Inter-Subjektivität*. Ihre Veröffentlichungen beschäftigen sich überwiegend mit Fragen des Lehrens und Lernens, andere Titel beschäftigen sich mit *Illusionen von Autonomie* (1990) oder – analog zum hier untersuchten Text – mit *Menschen im Spiegel ihrer Maschinen* (1996). Die Pädagogin richtet sich nun im hier untersuchten Text gegen die aktuelle Dominanz der Neurowissenschaft und weist auf Probleme und Widersprüche hin, die dieser Bereich mit sich bringt.

Das Besondere bzw. das Neue am Forschungsbereich der Neurodidaktik verdeutlicht die Autorin zunächst durch die beispielhafte Nennung einiger Metaphern für andere Körperteile (im Vergleich zum Gehirn). Demnach hätten zahlreiche andere Bereiche des Körpers „längst eine eigene Bildtradition"; dies sei hingegen beim Gehirn noch nicht der Fall. Während uns also Redewendungen wie „kopflos handeln", „seinen Kopf durchsetzen" oder „jemandem ist eine Laus über die Leber gelaufen" vertraut seien und wir diese problemlos einordnen könnten, gestaltete sich dies im Vergleich mit dem Gehirn (noch) schwieriger.
Einerseits seien viele Begriffe, wie etwa „brainstorming", noch nicht eingedeutscht; andererseits seien die existierenden Begriffe, wie z.B. „hirnlos" oder „Hirngespinst", häufig negativ konnotiert. Anhand dieser Beispiele soll das Bild eines Forschungszweiges „im Werden" verdeutlicht werden.
Im folgenden gibt die Autorin einen kurzen Überblick über die Meinungen und Sichtweisen anderer Wissenschaftler zum Thema und zeigt so die Vielfalt der Theorien in diesem Bereich. So definiert etwa Singer die Hirnentwicklung als

„Wettbewerb um ein begrenztes Angebot [von] [...] Wachstumsfaktoren", während Sennett den „flexiblen Menschen" propagiert, der in permanenter Konkurrenz eine „Turboexistenz" führe. Meyer-Drawe äußert in diesem Zusammenhang eine gewisse Skepsis gegenüber der Verknüpfung von gesellschaftlichen Entwicklungen einerseits und der Hirnarchitektur andererseits.

Anschließend formuliert die Autorin ihre Hauptkritik an der gegenwärtigen Stoßrichtung der Neurowissenschaften. Generell sei bereits der Denkstil der Naturwissenschaften ein falscher: Er verleite dazu, „bestimmte Gestalten zu sehen" und verhindere gleichzeitig das Erkennen von Alternativen. Dieser Denk- und Wahrnehmungsstil sei entscheidend für die Bewertung der Forschungsergebnisse (ein Aspekt, der ja auch im Seminar anklang: Der eigene Denkstil bzw. das theoretische Vorwissen bestimmt die Wahrnehmung, etwa bei der Betrachtung eines Gemäldes).

Als konkretes Beispiel nennt sie das Verfahren der Magnetresonanz-tomographie, welches Hirnaktivität anhand farbenprächtiger Bilder visualisiert. So erzeuge man eine „Illusion der Evidenz", da die entstehenden Bilder, anders als etwa bei einer Fotografie, nicht die Wirklichkeit abbilden, sondern ihrerseits künstlich generierte „Artefakte" sind, die erst noch gedeutet werden müssen. Es sei in diesem Zusammenhang dahingestellt, dass ja auch Fotografien nicht zwangsläufig „die" Realität abbilden, sondern nur einen meist subjektiven Ausschnitt davon. Was die Autorin aber betont, ist die Tatsache, dass die Bilder, die mit Hilfe der Magnetresonanztomographie entstehen, eben noch eine Stufe virtueller und unechter sind.

Dass die Bilder des Gehirns, die auf diese Weise verwendet werden, äußerst problematisch zu betrachten sind, verdeutlicht die Autorin am Beispiel der etablierten Verwendung der Farbe Rot für erhöhte Hirnaktivität in diesen Bildern. Äußerst ausführlich zeigt sie verschiedene Assoziationen auf, die man im Allgemeinen mit dieser Farbe verbindet und verdeutlicht so die willkürliche Vorgehensweise in diesem Bereich.

Als weiteres Problem – oder vielmehr als weiteren Aspekt desselben Problems – macht sie die Schwierigkeit eines *objektiven* Erkenntnis-gewinns aus. So würden einem die genannten Bilder des Gehirns nicht helfen, beispielsweise „den Beginn des Lernens, seinen Verlauf, seine Dramaturgie" zu erkennen. Die Wissenschaftler blieben somit dennoch auf subjektive Antworten der Untersuchten angewiesen. Desweiteren erhielte man zwar bei der Forschung am „isolierten Nervenzellgewebescheibchen" völlig objektive Ergebnisse, sehe sich dann aber nach wie vor dem Problem der Übertragbarkeit auf „das lebende Objekt" gegenüber.

Der Kerngedanke Meyer-Drawes ist somit die Notwendigkeit einer schärferen Differenzierung von neuronalen Vorgängen und Funktionszuständen einerseits und den Prozessen des Denkens, Wahrnehmens und Lernens andererseits. Eine Trennung von biologischen Prozessen vom Bereich der Gedanken und Gefühlen scheint ihr wünschenswert, da „ein neuronales Korrelat zu einer Erfahrung" ebensowenig existiere „wie ein physiologisches Pendant zur Liebe". Hier sieht sie durchaus Handlungsbedarf, um durch eine „kritische Kooperation mit neurowissenschaftlichen Ansätzen" zu einer ausgeglicheneren Ausrichtung zu gelangen.

Im Text folgt ein umfangreicher Exkurs zur langen Tradition der Selbstdeutung des Menschen als Maschine, der hier nicht in vollem Umfang wiedergegeben werden soll. Generell kann man hierzu in aller Kürze festhalten, dass sich der Mensch in der Geschichte zunehmend als „der Welt gegenüberstehend" versteht. Dies ist sicherlich auch der zunehmenden Technisierung aller Lebensbereiche geschuldet, die anschließend auch das Selbstbild des Menschen beeinflusste.

Im Anschluss an diesen historischen Exkurs wendet Meyer-Druwe sich gegen eine „popularisierte Hirnforschung", die sich durch pseudo-wissenschaftliche Ratgeber und eine Vermischung von hirnphysiologischen Aspekten und gesellschaftlichen Prozessen auszeichne. Hierbei wendet sie sich etwa gegen die Überlegungen von Manfred Spitzer oder Wolf Singer, dessen Äußerungen sie hier als „Kauderwelsch" bezeichnet und dem sie – ebenso wie Spitzer – in letzter Konsequenz unsauberes wissenschaftliches Arbeiten vorwirft.

Dennoch stellt die Autorin im Anschluss fest, dass sich die „Stimmung in der Pädagogik beruhigt" habe und die Debatte sich wieder vermehrt inhaltlichen Themen zuwende, etwa dem Prozess der Entscheidungsfindung oder der Frage, was Lernen bedeutet.

Eine fachliche Bewertung des hier untersuchten Textes vorzunehmen ist – als relativer Laie – natürlich schwierig. Rein stilistisch ließe sich vielleicht bemängeln, dass die eine oder andere Formulierung etwas unsachlich und emotional aufgeladen klingt, so als sehe Meyer-Drawe diesen Diskurs durchaus auch als etwas Persönliches (was natürlich letztlich aus der Ferne nicht zu beurteilen ist). So bezeichnet sie etwa Äußerungen ihrer Kollegin Margret Arnold als „bloßen Sprachzauber", Singers Ausführungen wie erwähnt als „Kauderwelsch" und dem deutschen Verleger eines Buches von Benjamin Libet unterstellt sie, er habe den – zugegebenermaßen ziemlich frei übersetzten – Titel gewählt, „weil man sich dadurch vermutlich einen reißenden Absatz des Buches versprach". Diese emotionale Diskussion mag dem relativ jungen Alter der gesamten Neurowissenschaft und der daraus resultierenden fachlichen und methodischen Unklarheit geschuldet sein (s.u.). Ein weiterer Kritikpunkt könnte die relativ große Zahl an Themen, Ideen und Thesen sein, die Meyer-Drawe hier präsentiert. Hierdurch wirkt der Aufsatz z.T. etwas ungeordnet – zumal ein volles Drittel des Textes auschließlich für den historischen Exkurs zur Sicht des Menschen als Maschine verwendet wird. Man sollte hierbei natürlich bedenken, dass der Text sicher eher als Beitrag zur internen Fachdiskussion unter Fachleuten gedacht ist und nicht für eine breite Leserschaft.

Klar wird jedoch die Stoßrichtung Meyer-Drawes: Die Hirnforschung solle sich frei machen von neurowissenschaftlichen Dogmen, „neuro-mythologische Allgemeinplätze" vermeiden und eine weniger auf das Funktionale konzentrierte Position einnehmen. Das Bild des Menschen als Maschine, das sie hier ausführlich dargelegt hat, lehnt sie letztlich ab, da es „den freien Willen obsolet" mache und wir uns dann „in einer Robotergesellschaft" deuteten.

Bei der Bewertung dieses Textes kommt man nicht umhin, sofort eine entscheidende Tatsache festzustellen: Die Neurowissenschaften im allgemeinen und die Neurodidaktik im speziellen sind noch verhältnismäßig junge Forschungszweige. Daher scheint eine Vielzahl von Diskussionspunkten noch ungeklärt; selbst bei grundsätzlichen Fragen der Methodik oder der Terminologie existiert offensichtlich noch kein allgemein anerkannter Grundkonsens. So sind Grundbegriffe, wie etwa der des „Bewusstseins", letztlich nicht allgemeingültig definiert bzw. werden von verschiedenen Bereichen der Wissenschaft unterschiedlich gedeutet.

Ein Philosoph wird unter diesem Begriff etwas ganz anderes verstehen als beispielsweise ein Mediziner oder ein Pädagoge. Und wo sich – wie hier – streng wissenschaftliches Erkenntnisinteresse mit ethischen und philosophischen Fragen vermischt, ist es nicht überraschend, dass die Diskussionen der Wissenschaftler aus zum Teil komplett unterschiedlichen Fachgebieten ausdauernd und kontrovers geführt werden.

Dass die Debatte dabei scheinbar durchaus auch emotional geführt wird, verwundert nicht. Sie reicht schließlich in elementare Gebiete des menschlichen Daseins, letztlich auch in die eigene Existenz, das eigene Selbstverständnis und Bewusstsein. Denn im Prinzip ist ja auch jeder Hirnforscher und jede Hirnforscherin (wenn man so will) befangen, da er bzw. sie quasi gleichzeitig Forscher und Forschungsobjekt ist. Zwar darf man natürlich generell eine wissenschaftlich neutrale Herangehensweise an den Forschungsgegenstand voraussetzen. Allerdings könnte man natürlich argumentieren, dass jede Person, die das Hirn erforscht, letzten Endes sich selbst untersucht – anders als bei abstrakteren Forschungsgebieten wie der Erforschung von neuen Düngemitteln oder der Beschäftigung mit altslawistischen Sprachen. Hierdurch ließe sich die große Emotionalität und Vielschichtigkeit der Debatte erklären.

Während in anderen, etablierten wissenschaftlichen Fachrichtungen die erwähnten Grundsatzdiskussionen längst abgeschlossen sind, muss sich im hier beschriebenen

Bereich dieser Konsens also erst noch herausbilden. Dazu kann sicherlich auch der vorliegende Text beitragen, der sich bemüht, den Schwerpunkt etwas von der sehr funktionalen Sichtweise der Neurowissenschaft wegzulenken.

Selbstformuliertes Ziel Meyer-Dräwes ist es dann ja auch, von ihr etwas zugespitzter ausgedrückt, „dem Sog der Neurorhetorik zu entkommen". Sie wendet sich gegen die Dominanz der neurodidaktischen Begrifflichkeit in der vorherrschenden Diskussion und betont die Wichtigkeit der klaren Trennung zwischen Ereignis und Erlebnis.

Insgesamt bleibt es sicherlich spannend zu beobachten, wie sich die Hirnforschung unter diesen Voraussetzungen weiter entwickelt bzw. zu welchen Theorien und praktischen Ergebnissen sie in Zukunft noch finden wird. Eventuell lassen sich in diesem Zusammenhang ja Parallelen zu bereits in der Vergangenheit vollzogenen wissenschaftlichen Paradigmenwechseln ziehen. So sorgten ja bereits die Forschungs-ergebnisse von Kopernikus und Darwin – um nur zwei der bekanntesten Vertreter zu nennen – für die Erschütterung des gesamten Weltbilds des Menschen.

Während sich der Mensch vor Kopernikus noch als Zentrum des Universums betrachtete, zeigte der Astronom, dass diese Ansicht nicht zu halten war und der Mensch auf einem winzigen Planeten quasi an der Peripherie des Universums und letztlich unbedeutend „vor sich hinlebte".

Darwin wiederum sorgte mit seiner Evolutionstheorie dafür, dass sich der Mensch nicht länger als Herrscher über Flora und Fauna und als direktes Abbild Gottes verstand. Im Gegenteil: Er stammt vom Affen ab!

Wenn sich in diesem Zusammenhang der Determinismus als wahr erweisen würde, wäre der Mensch, nachdem er ideengeschichtlich schon die Herrschaft über das Universum und die Natur abgeben musste, noch nicht einmal mehr Herr seiner selbst. Da wünscht man sich doch schon eher, dass sich nicht alle „unromantischen" Theorien der Neuro-wissenschaft bewahrheiten, nach denen der Mensch letztlich nur ein Sklave seiner Neurotransmitter sei.